BEI GRIN MACHT SICH IHR WISSEN BEZAHLT

AF145184

- Wir veröffentlichen Ihre Hausarbeit,
  Bachelor- und Masterarbeit

- Ihr eigenes eBook und Buch -
  weltweit in allen wichtigen Shops

- Verdienen Sie an jedem Verkauf

Jetzt bei www.GRIN.com hochladen und kostenlos publizieren

Bibliografische Information der Deutschen Nationalbibliothek:

Die Deutsche Bibliothek verzeichnet diese Publikation in der Deutschen National-bibliografie; detaillierte bibliografische Daten sind im Internet über http://dnb.d-nb.de/ abrufbar.

Impressum:

Copyright © 2015 GRIN Verlag
Druck und Bindung: Books on Demand GmbH, Norderstedt Germany
ISBN: 9783668023772

Lukas Lehmayer

Das Bosman-Urteil und seine Auswirkungen auf den Profifußball in der EU

GRIN Verlag

GRIN - Your knowledge has value

Der GRIN Verlag publiziert seit 1998 wissenschaftliche Arbeiten von Studenten, Hochschullehrern und anderen Akademikern als eBook und gedrucktes Buch. Die Verlagswebsite www.grin.com ist die ideale Plattform zur Veröffentlichung von Hausarbeiten, Abschlussarbeiten, wissenschaftlichen Aufsätzen, Dissertationen und Fachbüchern.

Besuchen Sie uns im Internet:

http://www.grin.com/

http://www.facebook.com/grincom

http://www.twitter.com/grin_com

Das Bosman-Urteil

und seine Auswirkungen auf den
Profifußball in der EU

Vorwissenschaftliche Arbeit

verfasst von Lukas Lehmayer-Karlowitsch

BG/BRG Bruck/Leitha

Abgabedatum: Februar 2015

Das Bosman-Urteil – und seine Auswirkungen auf den Profifußball in der EU

In den letzten 20 Jahren hat sich der weltweit populäre Sport Fußball stark verändert. Hauptgrund für die Neugestaltung dieser Sportart ist das Bosman-Urteil aus dem Jahr 1995, durch welches das Transfersystem und die Ausländerklausel im Fußball vom Europäischen Gerichtshof (EuGH) für rechtswidrig erklärt wurden. Ausgehend von der These, dass Berufsfußballer vom Bosman-Urteil profitiert haben und es den Fußballvereinen geschadet hat, stelle ich die Frage nach den Gewinnern und Verlierern der Entscheidung des EuGH ins Zentrum meiner Arbeit. In diesem Zusammenhang wird durch Recherchieren von Literatur überblicksmäßig der Europäische Gerichtshof vorgestellt und der Sachverhalt Jean-Marc Bosmans mit anschließendem Verfahren und der Entscheidung des EuGH erläutert. Durch Auswerten des Gelesenen werden die Auswirkungen auf den Profifußball dargelegt.

Meine Arbeit ist eine reproduktive Literaturarbeit. Durch Recherche und Auswertung von Hintergrundinformationen belegt sie, dass die Profifußballer die Nutznießer des Urteils sind, während es simultan den Nachwuchsspielern, Fußballvereinen und Jean-Marc Bosman selbst geschadet hat.

Inhaltsverzeichnis

1 Einleitung

„Er hat das Gebäude des europäischen Sports, das auf festem Fundament zu ruhen schien, mit großem Knall in die Luft gejagt."[1]

Die Rede ist von Jean-Marc Bosman, einem ehemaligen belgischen Profifußballer, welcher Ende der neunziger Jahre mit diesen Worten beschrieben wurde.[2] Obwohl er kein herausragender Fußballer war, wird sein Name wohl für immer eng mit der Sportart Fußball verbunden werden. Der Grund dafür ist der 15. Dezember 1995. An jenem Tag hatte der Europäische Gerichtshof ein Urteil verkündet, welches als Bosman-Urteil in die Geschichte einging und das europäische Sportrecht in große Unordnung versetzte, indem das damals gültige Transfersystem und die Ausländerbeschränkung für rechtswidrig erklärt wurden.

Da das Urteil bestimmte Auswirkungen auf die verschiedenen Gruppierungen im Bereich des Profifußballs hat, ergibt sich folgende Fragestellung: Wer hat vom Bosman-Urteil profitiert und wem hat es geschadet? Demzufolge ist das Ziel der Arbeit, festzustellen, ob die Vereine, Fußballer, Zuschauer und Jean-Marc Bosman selbst beinahe 20 Jahre nach dem Urteilspruch am 15. Dezember 1995 als Gewinner oder Verlierer zu bewerten sind.

Aufgrund der gegebenen Fragestellung gestaltet sich der Aufbau der Arbeit folgendermaßen: Das zweite Kapitel hat den Gerichtshof der Europäischen Union zum Thema. Dabei werde ich die Zusammensetzung des EuGH erklären und seine Zuständigkeit und verschiedenen Verfahren erläutern. Das dritte Kapitel fokussiert das Bosman-Urteil und wie es dazu kam. Gegenstand dessen wird es sein, die Organisation des Fußballsports, sowie das Transfersystem vor dem Bosman-Urteil zu veranschaulichen. Um das Kapitel abzuschließen, werde ich das endgültige Urteil des EuGH vom 15. Dezember 1995 durchleuchten. Das vierte Kapitel befasst sich mit den Auswirkungen des Bosman-Urteils, welche sich durch die Neuregelungen ergeben. Abschließend werde ich im fünften Kapitel erläutern, wer von der Entscheidung des

---

[1] Pfeiffer, Friedrich: Fußball Transferrecht. Bundesliga entsetzt über Webster-Urteil. 1. Februar 2008. Als Download: http://www.spiegel.de/sport/fussball/fussball-transferrecht-bundesliga-entsetzt-ueber-webster-urteil-a-532523.html (Zugriff: 26.1.2015)
[2] Vgl. ebd.

EuGH profitiert hat und wem es geschadet hat. Im Zuge dessen werde ich durch die im vierten Kapitel angeführten Auswirkungen des Bosman-Urteils schlussfolgern und mich dabei auf Profifußballer, Nachwuchsspieler, Vereine und Zuschauer beziehen.

Das Standardwerk zum Thema ist „Der Fall Bosman – Revolution im Fußball?" von Marcus Flory.[1] Dieses Werk von 1997 ist das erste Buch im deutschen Sprachraum, in welchem sich ein Experte ausführlich mit dem Bosman-Urteil befasst hat.

---

[1] Flory, Marcus: Der Fall Bosman. Revolution im Fußball? Kassel: Agon-Sportverlag, 1997

2 Gerichtshof der Europäischen Union

Der Gerichtshof der Europäischen Union (EuGH) ist eines der sieben Organe der Europäischen Union:

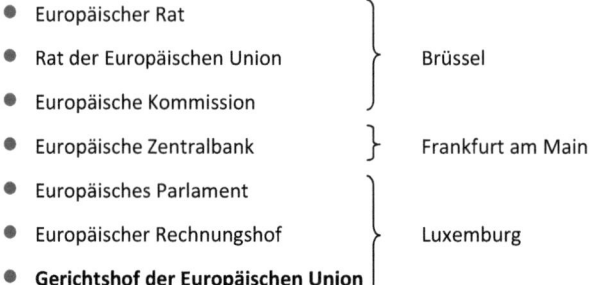

Der Europäische Gerichtshof, damals noch Gerichtshof der Europäischen Gemeinschaft für Kohle und Stahl (EGKS), wurde bereits 1952 als Rechtsorgan der EGKS geschaffen und nahm 1953 seine Arbeit auf. Durch die Verträge von Rom zur Gründung der Europäischen Wirtschaftsgemeinschaft (EWG) und der Europäischen Atomgemeinschaft (EAG), schuf man den Gerichtshof der Europäischen Gemeinschaften (EuGH) als gemeinsames Rechtsorgan für alle drei damals bestehenden Gemeinschaften.[1]

Der Gerichtshof der Europäischen Union umfasst den Gerichtshof (EuGH), das Gericht (EuG), und die Fachgerichte[2], wobei es mit dem Gericht für den öffentlichen Dienst der Europäischen Union (EUGöD) erst ein solches Fachgericht gibt.[3]

---

[1] Vgl. Amt für Veröffentlichungen: Der Gerichtshof der Europäischen Gemeinschaften. Historische Eckpunkte, Gebäude und Symbole. Curia.europa.eu: Januar 2007. Als Download:
http://curia.europa.eu/jcms/upload/docs/application/pdf/2008-11/de_historique.pdf (Zugriff: 9.12.2014)
[2] Art. 19 Abs. 1 EUV
[3] Vgl. Bochert, Jesse: Wie der Europäische Gerichtshof den bezahlten Sport revolutionierte. Das Bosman-Urteil und seine Auswirkungen. München: GRIN Verlag GmbH, 2012, S.5

2.1 Der Gerichtshof

2.1.1 Zusammensetzung

Da sich der Gerichtshof (EuGH) aus je einem Richter pro Mitgliedsstaat der Europäischen Union zusammensetzt, sind momentan 28 Richter in Luxemburg, wo sich der Amtssitz des EuGH befindet, tätig. Österreich wird seit Oktober 2009 von Maria Berger vertreten. Für die Dauer von drei Jahren wird von den Richtern der Präsident des Gerichtshofs aus ihrer Mitte gewählt, welcher nach Vollendung dieses Dienstes wiedergewählt werden kann.[1] Amtierender Präsident des EuGH ist Vasilios Skouris.

Die 28 Richter werden aktuell von neun Generalanwälten unterstützt. Sie arbeiten für die Richter Entscheidungsvorschläge aus. Ursprünglich wurde das Amt von acht Generalanwälten bekleidet, wobei sich die Mitgliedstaaten mit der Unterzeichnung des Vertrags von Lissabon am 13. Dezember 2007 darauf einigten, dass die Zahl jener auf elf erhöht werden kann, wenn der Gerichtshof dies beantragt. Im Juni 2013 nahm der EuGH diese Regelung in Anspruch, in dem er beschloss die Anzahl der Generalanwälte im Jänner 2015 auf neun und im Oktober 2015 auf elf Generalanwälte zu erhöhen.[2]

„Als Richter und Generalanwälte des Gerichtshofs [...] sind Persönlichkeiten auszuwählen, die jede Gewähr für Unabhängigkeit bieten und die Voraussetzungen der Artikel 253 und 254 des Vertrags über die Arbeitsweise der Europäischen Union erfüllen."[3]

Die Richter und Generalanwälte werden von den Regierungen der Mitgliedstaaten für eine Amtszeit von sechs Jahren ernannt. Nach Ablauf dieser Zeit dürfen sie erneut für das Amt ausgewählt werden.[4]

---

[1] Vgl. Art. 253 AEUV
[2] Vgl. Hummer, Waldemar. EuGH. Erhöhung der Zahl der Generalanwälte von acht auf elf. 9. Juli 2013. URL: http://www.eu-infothek.com/article/eugh-erhoehung-der-zahl-der-generalanwaelte-von-acht-auf-elf (Zugriff: 12.12.2014)
[3] Art. 19 Abs. 2 EUV
[4] Vgl. ebd.

2.1.2 Zuständigkeit und Verfahren

„Er [EuGH] sichert die Wahrung des Rechts bei der Auslegung und Anwendung der Verträge."[1]

Der EuGH hat dafür zu sorgen, dass das Europarecht von allen Mitgliedsstaaten auf die gleiche Art angewendet wird. Zudem ist er zuständig, um bei strittigen Artikeln in Verträgen endgültig zu klären, wie sie auszulegen sind. Er entscheidet beispielsweise im Falle einer Klage, ob im gegebenen Einzelfall gegen geltendes Gemeinschaftsrecht verstoßen wurde. Diese Klage kann sowohl von einem Mitgliedstaat oder einem der oben genannten Organe der Union, als auch von einer natürlichen oder juristischen Person kommen.

2.1.3 Verfahren

Der EuGH bedient sich einer Vielzahl von Verfahrensarten. Da im Fall Bosman lediglich das Vorabentscheidungsverfahren eine Rolle spielte, werde ich dieses näher beschreiben.

Beim **Vorabentscheidungsverfahren** handelt es sich eigentlich nur um ein Zwischenverfahren innerhalb eines Rechtsstreits vor einem nationalen Gericht eines Mitgliedstaats. Falls es für das Ausgangsverfahren entscheidungserheblich ist, wird das mitgliedstaatliche Gericht dazu berechtigt dem EuGH Fragen zur Auslegung und Gültigkeit des Unionsrechts vorzulegen. Sollten diese Fragen letztinstanzlich für den Ausgang des Einzelfalls entscheidend sein, ist es sogar verpflichtend sie dem EuGH vorzulegen.[2] Wichtig ist, dass die 27 Richter des EuGH nicht den konkreten Einzelfall entscheiden können, sondern lediglich festlegen, *wie die betroffenen Texte im Gemeinschaftsrecht zu verstehen sind, wenn diese undeutlich, beziehungsweise missverständlich verfasst wurden. Alle Mitgliedstaaten haben sich an diese Auslegung zu halten.*

---

[1] Art. 19 Abs. 1 EUV
[2] Vgl. Magiera, Siegfried: Gerichtshof der Europäischen Union. In: Weidenfeld, Werner/ Wessels, Wolfgang (Hrsg.): Europa von A-Z. 12.Auflage. Baden-Baden: Nomos Verlag, 2011, S.259ff.

Weitere Verfahren:

- **Nichtigkeitsklage**: Im Rahmen der Klage werden Rechtshandlungen der EU-Organe überprüft.[1]
- **Vertragsverletzungsklage**: Mitgliedsstaaten und die Europäische Kommission können im Rahmen dieser Klage überprüfen lassen, ob ein Mitgliedsstaat gegen das Unionsrecht verstößt, also zum Beispiel eine nationalen Richtlinie unterblieben ist, beziehungsweise verspätet oder nicht ordnungsgemäß umgesetzt wurde.[2]
- **Untätigkeitsklage**
- **Amtshaftungs- bzw. Schadenersatzklage**

2.2 Das Gericht und die Fachgerichte

2.2.1 Das Gericht

Um den eben beschriebenen Europäischen Gerichtshof zu entlasten, welcher mit ansteigendem Arbeitsaufwand zu kämpfen hatte, wurde 1988 das Europäische Gericht ins Leben gerufen, welches ein Jahr später, am 31.Oktober 1989, seine Arbeit aufnahm und dem EuGH nachgeordnet ist. Die Zusammensetzung des EuG orientiert sich an jener des EuGH.[3] Dementsprechend stellt jeder Mitgliedstaat mindestens einen Vertreter auf sechs Jahre, welcher danach wiedererernannt werden kann. Österreich wird derzeit vom Juristen Viktor Kreuschitz vertreten.

„Dieses [EuG] befasst sich mit Rechtssachen, die von Privatpersonen, Unternehmen und bestimmten Organisationen vorgelegt wurden, sowie mit Rechtssachen, die mit dem Wettbewerbsrecht in Zusammenhang stehen."[4]

---

[1] Vgl. Bochert, 2012, S.7
[2] Vgl. ebd.
[3] Vgl. ebd. S.5
[4] Europäische Union: Gerichtshof der Europäischen Union. Wie ist der Gerichtshof der Europäischen Union aufgebaut? Verfügbar unter: http://europa.eu/about-eu/institutions-bodies/court-justice/index_de.htm (Zugriff: 7.12.2014)

2.2.2 Die Fachgerichte

Zur weiteren Entlastung des EuGH und des EuG wurde 2001 im Vertrag von Nizza die Möglichkeit geschaffen, für die Rechtspflege eines bestimmten Bereiches ein Fachgericht zu schaffen. Als erstes und bisher einziges Fachgericht wurde 2005 das Gericht für den öffentlichen Dienst eingerichtet. Es „ist für Rechtsstreitigkeiten zwischen der Europäischen Union und ihren Bediensteten zuständig."[1]

Das EUGöd besteht lediglich aus sieben Richtern, welche vom Europäischen Rat ausgewählt werden. Die Amtszeit beträgt wie beim EuGH und EuG sechs Jahre.

---

[1] ebd.

3 Das Bosman-Urteil

3.1 Organisationsstruktur im Fußball

Die Organisationsstruktur im Fußball muss man sich wie eine Pyramide vorstellen an deren Spitze die Fédération Internationale de Football Association (kurz: FIFA), einem gemeinnützigen Verein schweizerischen Rechts, steht. Als Weltfußballverband ist die FIFA seit seiner Gründung 1904 quasi die oberste Instanz im Fußball. Die Aufgabe der FIFA ist es, den Fußball zu verbessern und weltweit zu verbreiten. Zusätzlich stellt die Schaffung allgemeiner und global einheitlicher Fußballregeln einen ihrer wichtigsten Tätigkeitsbereiche dar.[1]

Der FIFA sind Kontinentalverbände - auch als Konföderationen bezeichnet – untergeordnet. Zum Beispiel ist die Union der Europäischen Fußballverbände (UEFA) für Europa und die Asiatische Fußball-Konföderation (AFC) für Asien verantwortlich. Mitglieder dieser Konföderationen sind die nationalen Verbände des jeweiligen Kontinents. Demzufolge ist die UEFA der Dachverband für den Österreichischen Fußball-Bund (ÖFB), Deutschen Fußball-Bund (DFB), den Königlich Belgischen Fußballverband (URBSFA) und viele weitere nationale Fußballverbände in Europa. Die nationalen Verbände haben sich in ihren Satzungen und Regelungen an die Vorgaben der FIFA, sowie des zugehörigem Kontinentalverband zu halten. *Von den nationalen Verbänden hängen Unterverbände ab, welche für die Organisation des Fußballs in bestimmten Bereichen oder bestimmten Regionen verantwortlich sind.[2] Diese Verbände veranstalten nationale Meisterschaften. Um bei diesen Meisterschaften teilnahmeberechtigt zu sein, müssen die Fußballvereine Mitglieder ihres jeweiligen nationalen Verbandes sein. Zudem muss jeder Fußballspieler beim nationalen Verband registriert sein.[3]*

Beispiel: Ich, der Verfasser dieser Arbeit, spiele beim Fußballverein SC Sarasdorf/Trautmannsdorf. Dieser ist Mitglied beim Österreichischen Fußball-Bund. Für jedes Bundesland gibt es in Österreich einen Unterverband, einen sogenannten

---

[1] Vgl. Flory, 1997, S.13f.
[2] Vgl. EuGH, Rs. C -415/93, Slg. 1995, I-5044, Rn. 3 (Bosman)
[3] Vgl. Flory, 1997, S.14f.

Landesverband, welcher für die Austragung der Meisterschaften im jeweiligen Bundesland verantwortlich ist. Da Sarasdorf in Niederösterreich liegt, ist der zugehörige Landesverband der Niederösterreichische Fußballverband. Um bei den Meisterschaften der neun Landesverbände teilnehmen zu dürfen, bin ich beim ÖFB registriert. Aufgrund von Österreichs Lage in Europa, ist der ÖFB Mitglied der UEFA. Demzufolge hat sich der ÖFB in seinen Satzungen und Regelungen an die Vorgaben des europäischen Kontinentalverbandes, aber auch an jene des Weltfußballverbandes zu halten. Die Abbildung 1 trägt zum besseren Verständnis der Verbandstruktur bei.

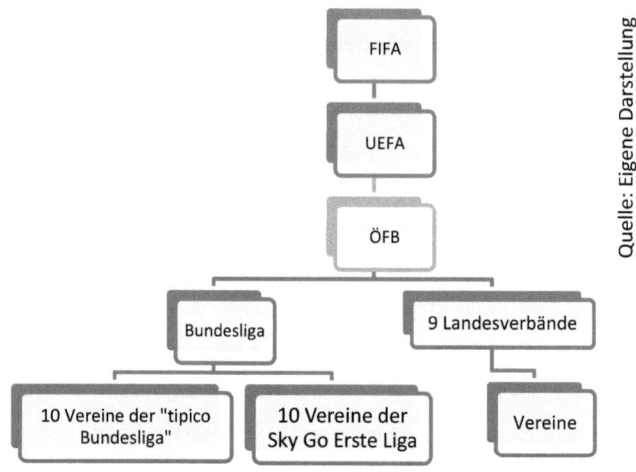

Abb. 1: Verbandsstruktur im Fußball in Österreich[1]

3.2 Vor dem Bosman-Urteil

3.2.1 Transferregelungen

Der Vereinswechsel eines Berufsfußballspielers lief vor dem Bosman Urteil folgendermaßen ab: Der verpflichtende Fußballverein hatte dem abgebenden Verein[2] in jedem Fall eine sogenannte Ablösesumme, beziehungsweise

---

[1] Bei der „tipico Bundesliga" und der „Sky Go Erste Liga" handelt es sich um die Sponsorennamen der zwei höchsten Spielklassen in Österreich.
[2] Als verpflichtender Fußballverein wird jener Verein bezeichnet, der einen Profifußballer verpflichtet. Der abgebende Verein ist jener Fußballklub, der einen Spieler abgibt.

Ausbildungsentschädigung zu zahlen. Die Existenz solcher Zahlungen ist natürlich nachvollziehbar, da es dem abgebenden Verein zweifellos zusteht, für die Ausbildung bzw. Weiterbildung des Spielers Geld zu verlangen. Problematisch war jedoch, dass die Höhe dieser Ablösesumme zwischen den beiden beteiligten Vereinen frei verhandelt werden konnte.[1] Wollte ein Verein einen wichtigen Spieler nun an sich binden, so hatte er lediglich die geforderte Ablösesumme ausreichend hoch anzusetzen und konnte somit eine Abgabe an einen anderen Verein verhindern. Dabei spielte es keine Rolle, ob der Vertrag des Fußballers noch laufend oder bereits abgelaufen war. Für die Vereine war dies natürlich eine willkommene Möglichkeit um Transfers zu verhindern, wohingegen wechselwillige Spieler unter ihrer schwachen Verhandlungsposition litten, welche definitiv schwächer war, als jene eines gewöhnlichen Arbeitnehmers.[2]

Im Falle, dass der verpflichtende Verein die vereinbarte Ablösesumme nicht bezahlte, konnte einem Berufsfußballer zudem passieren, dass sein bisheriger Verein beim nationalen Verband beantragte, ihm die Ausstellung einer Spielberechtigung für die kommende Saison zu verweigern, wodurch der betroffene Spieler vom Spielbetrieb ausgeschlossen wurde.[3] Im Falle eines internationalen Vereinswechsels in ein anderes Land, benötigte ein Spieler zudem einen sogenannten Freigabeschein seines Verbandes, um im Ausland dann auch spielberechtigt zu sein.

3.2.2 Ausländerklausel

Vor dem Urteil des EuGH am 15. Dezember 1995 war in allen Fußballligen genau geregelt wie viele ausländische Spieler bei Pflichtspielen[4] eingesetzt werden dürfen. Bis 1960 war es Fußballvereinen erlaubt so viele Spieler einzusetzen wie sie wollten, da es bis dahin keine Beschränkungen gab. Dies nutzten viele Spieler aus, indem sie nach Spanien oder Italien wechselten, wo sie mehr Geld verdienen konnten. Zwei jener ausländischen Spieler, die nach Spanien wechselten, waren der Argentinier Alfredo di

---

[1] vgl. Busche, Arnd: Ökonomische Implikation des Bosman-Urteils. In: Hamann, P. / Schmitt, L. / Welling, M. (Hrsg.): Ökonomie des Fußballs. Grundlegungen aus volks- und betriebswirtschaftlicher Perspektive. Wiesbaden: Deutscher Universitätsverlag, 2004, S. 87ff.

[2] Vgl. Erning, Johannes: Professioneller Fußball in Deutschland. Eine wettbewerbspolitische und unternehmensstrategische Analyse. Berlin: Verlag für Wirtschaftskommunikation, 2000, S.173

[3] vgl. Fladerer, Bernd: Anpfiff für Arbeitnehmerrechte. Freizügigkeit von Arbeitnehmern in der EU. Das Bosman-Urteil als Beispiel. Marburg: Tectum Verlag, 2009, S.88

[4] Als Pflichtspiele werden jene Fußballspiele bezeichnet, die offiziell vom nationalen Verband, der UEFA oder der FIFA veranstaltet werden.

Stéfano und der Ungar Ferenc Puskás. Di Stéfano wechselte im Jahr 1953 für die damalige Rekordablösesumme von etwa 300 000 EUR vom kolumbianischen CD Los Millonarios zu Real Madrid und im Jahr 1958 schloss sich auch Puskás dem madrilenischen Fußballverein an. Als wichtiger Bestandteil des „weißen Balletts"[1] wurden di Stéfano und Puskás acht bzw. sechs mal Spanischer Meister und gewannen fünf bzw. drei mal den Europapokal der Landesmeister[2]. Bald jedoch spielten teilweise mehr Ausländer als Inländer bei den Fußballklubs jener beiden Länder und man beschloss eine sogenannte Ausländerklausel einzuführen.[3] Bis zum Jahr 1991 galt in Europa die Regelung, dass man in einem Pflichtspiel höchstens zwei ausländische Spieler gleichzeitig einsetzen darf, wobei es keine Rolle spielte wie viele Ausländer im Kader waren. Eine Ausnahme stellten ausländische Spieler dar, welche bereits fünf Jahre in jenem Mitgliedstaat beheimatet waren, in welchem sie zu der Zeit spielten, da sie wie einheimische Spieler uneingeschränkt eingesetzt werden durften.[4] Meines Wissens waren di Stéfano und Puskás von der Ausländerklausel nicht betroffen, da sie vor Inkrafttreten die spanische Staatsbürgerschaft angenommen hatten.

1991 wurde von der UEFA schließlich die 3+2 Regel eigeführt. Jene Regel besagte, dass maximal 3 ausländische Fußballspieler zur gleichen Zeit eingesetzt werden durften und zusätzlich höchstens zwei sogenannte „assimilierte" Ausländer. Darunter verstand man Fußballer mit ausländischer Staatsangehörigkeit, welche mindestens fünf Jahre im betroffenem Land gespielt haben. Von diesen fünf Jahren mussten jene Ausländer jedoch drei Jahre für Nachwuchsmannschaften dieses Mitgliedstaates gespielt haben.[5]

Die Verbände rechtfertigten die Existenz der Ausländerklausel mit der Begründung, dass sie die Identifikation der Zuschauer, beziehungsweise Fans mit den Mannschaften erhalte. Demgemäß sollen Fußballvereine durch die Ausländerregelung vor einem Rückgang der Zuschauerzahlen bewahrt worden sein, welcher eine Folge fehlender Identifikation der Anhänger mit ihrem favorisierten Verein gewesen wäre. Darüber

---

[1] Aufgrund der weißen Trikots und der technisch-versierten Spielweise bekam Real Madrid Ende der sechziger Jahre den Spitznamen „das weiße Ballett".
[2] Der Europapokal der Landesmeister wurde in der Saison 1992/93 in „UEFA Champions League" umbenannt.
[3] vgl. Dinkelmeier, Bernd: Das „Bosman"-Urteil des EuGH und seine Auswirkungen auf den Profifußball in Europa. Würzburg: Dissertation an der juristischen Fakultät Universität Würzburg, 1999, S.24
[4] Vgl. Fladerer, 2009, S.89
[5] Vgl. ebd.

hinaus sah man die Ausländerklausel als Schutz für den inländischen Nachwuchs vor der ausländischen Konkurrenz, die zumeist älter und bereits fertig ausgebildet war. Gleichzeitig stellte die Ausländerregelung die Basis für Nationalmannschaften dar, weil die heimischen Vereine, durch diese, inländische Spieler ausbilden mussten.

3.3 Sachverhalt

Jean-Marc Bosman ist am 30. Oktober 1964 in Montegnée, Belgien geboren. Er wurde bereits in jungen Jahren der URBSFA, dem belgischen Fußballverband, registriert und spielte in der Jugend des belgischen Erstligisten Standard Lüttich, einem der erfolgreichsten Fußballvereine des Landes. Mit seinem ersten Arbeitsvertrag bei Standard Lüttich im Jahr 1986 wurde der Mittelfeldspieler professioneller Fußballer in der höchsten belgischen Spielklasse.[1]

Zwei Jahre später wechselte er für eine Ablösesumme von 3 000 000 BEF[2] zum Stadtrivalen und Erstligisten RFC Lüttich, für den er vom 1. Juli 1988 bis zum 30. Juni 1990 im Einsatz war.[3] Bei einem Grundgehalt von 75 000 BEF belief sich sein durchschnittliche Monatsgehalt durch Prämien und sonstige Zulagen auf etwa 120 000 BEF. Kurz vor Ablauf seines Vertrages bot der RFC Lüttich Jean-Marc Bosman im April 1990 einen Vertrag zu deutlich schlechteren Konditionen an. Bei einer Vertragslaufzeit von einem Jahr hätte er sich mit dem in der Verbandsatzung der URBSFA vorgeschriebenen Mindestbetrag von monatlich 30 000 BEF als Grundgehalt zufriedengeben müssen. Nachdem Bosman diesen neuen Vertrag ablehnte, wurde er von seinem Arbeitgeber, dem RFC Lüttich, auf die Transferliste[4] gesetzt. Die Ausbildungsentschädigung wurde auf 11 743 000 BEF festgelegt.[5] Nachdem kein belgischer Verein Interesse an einer Verpflichtung Bosmans zeigte, trat jener mit dem französischen Zweitlisten US Dünkirchen in Kontakt.

---

[1] Vgl. Flory, 1997, S.67
[2] BEF=Belgische Franken; 100 BEF= 2,48 EUR. (Stand: Jänner 2015)
[3] Vgl. Fladerer, 2009, S.90
[4] Wenn ein Verein einen Spieler auf die Transferliste setzt, gibt er diesem die Erlaubnis zu wechseln, beziehungsweise strebt einen Vereinswechsel sogar an, um eine entsprechende Ablösesumme zu erhalten.
[5] Vgl. Bochert, 2012, S.9

Am 30. Juli 1990 wurde Jean-Marc Bosman von der Union Sportive Dünkirchen für ein Jahr auf Leihbasis verpflichtet. Sein neuer Vertrag sicherte ihm ein Grundgehalt von 90 000 BEF zu und darüber hinaus wurde ein Handgeld[1] von 900 000 BEF vereinbart. Die Ablösesumme, um Bosman für eine Spielzeit auszuleihen, belief sich auf 12 000 000 BEF. Zudem hatte die US Dünkirchen die Option, Bosman nach diesem Leihjahr für die Summe von weiteren 4 800 000 BEF endgültig zu verpflichten.[2]

Bedingung für die Gültigkeit der beiden bereits geschlossenen Verträge –sowohl für jenen zwischen der US Dünkirchen und dem RFC Lüttich, als auch jenem zwischen der US Dünkirchen und Herrn Bosman- war allerdings, dass der Freigabeschein der URBSFA beim FFF vor Beginn der neuen Saison, mit dem ersten Saisonspiel am 2. August 1990, eingeht. Die Ausstellung der Freigabebescheinigung wurde vom RFC Lüttich jedoch nie bei der URBSFA beantragt, da der Verein an der Zahlungsfähigkeit des französischen Zweitligisten zweifelte. Die US Dünkirchen hatte zu der Zeit tatsächlich finanzielle Probleme, wodurch der RFC Lüttich die Zahlung der Ablösesumme in Gefahr sah. Zur Sicherheit beantragte der Verein keinen erforderlichen Freigabeschein. Demzufolge wurden beide Verträge hinfällig. Zudem lies der RFC Lüttich Bosman bereits am 31. Juli 2014 für die Saison 1990/91 sperren, wodurch dieser seinen Beruf als Profifußballer vorerst nicht weiter ausüben konnte.[3]

Infolgedessen wandte sich Bosman am 8. August 1990 an das Tribunal de première instance Lüttich und verklagte den RFC Lüttich und den belgischen Fußballverband. Er reichte neben der Hauptklage auch einen Antrag auf einstweilige Verfügung ein. In dieser forderte er vom RFC Lüttich und der URBSFA zum einen eine monatliche Vorschusszahlung von 100.000 BEF bis zum Abschluss eines Vertrages bei einem neuen Arbeitgeber und zum anderen, den Vertragsabschluss mit einem neuen Verein nicht zu behindern. Ein weiterer Teil des Antrages auf einstweilige Verfügung war, dem

---

[1] Handgeld ist eine einmalige Zahlung eines Vereins an den neu verpflichteten Spieler.
[2] Vgl. Fladerer, 2009, S.90f.
[3] Vgl. Weisbrich, Matthias: Die Liberalisierung des Spielermarktes im Profifußball. Auswirkungen des Bosman-Urteils und Maßnahmen gegen die Fehlentwicklung. Hamburg: Bachelor + Master Publishing, 2013, S.7

Europäischen Gerichtshof eine Frage zur Vorabentscheidung (siehe Kapitel 2.1.3) vorzulegen.[1]

Am 9. November 1990 verurteilte der Berufungsgerichtshof (Cour d'appel) Lüttich den RFC Lüttich seinem ehemaligen Spieler Jean-Marc Bosman einen monatlichen Vorschuss von 30 000 BEF zu gewährleisten und verpflichtete den RFCL und die URBSFA den Fußballspieler Bosman jedem Fußballklub zur Verfügung zu stellen, der seine Dienste in Anspruch nehmen wolle, ohne von diesem Verein eine Entschädigung zu fordern.[2] Darüber hinaus legte das Gericht dem EuGH die Frage vor, ob Art. 3 c EGV und Art. 48 EGV[3] mit dem Transfersystem vereinbar sind. Artikel 3 c EGV sichert die Europäische Union als Binnenmarkt, der sich durch die Beseitigung von Hindernissen für den freien Waren-, Personen-, Dienstleistungs-, und Kapitalverkehr zwischen den Mitgliedstaaten kennzeichnet[4] und Art. 48 EGV gewährleistet die Freizügigkeit der Arbeitnehmer innerhalb der Europäischen Union. Der Beschluss des Tribunals Lüttich dem EuGH eine Frage zur Vorabentscheidung vorzulegen wurde jedoch am 28. Mai 1991 vom Cour d'appel Lüttich im Berufungsverfahren aufgehoben.

Bosmans weiterer Karriereverlauf nach Vertragsende beim RFC Lüttich

Im Oktober 1990 verpflichtete der französische Zweitligaverein Olympique Saint-Quentin den Spieler Bosman, unter der Voraussetzung, dass seinem Antrag stattgegeben wird.[5] Sein Vertrag wurde jedoch nach nur einer Saison aufgelöst, da der Verein in die Drittklassigkeit abstieg und Bosman nur einen Vertrag für die 1. und 2. Liga hatte.[6] 1992 unterschrieb Bosman einen Vertrag beim französischen Verein Saint-Denis de la Reunion, welcher nach kurzer Zeit ebenfalls aufgelöst wurde. Nach langer Vereinssuche wurde er am 14. Mai 1993 vom belgischen Drittligisten Olympic de Charleroi verpflichtet. Ein Jahr später, in der Saison 1994/95 wechselte Bosman

---

[1] Vgl. Flory, 1997, S.68

[2] Vgl. ebd.
[3] Mit der Umbenennung des „Vertrag zur Gründung der Europäischen Gemeinschaft" (EGV) in "Vertrag für die Arbeitsweisen der Europäischen Union" (AEUV) änderte sich die Abfolge der Artikel. Der erwähnte Artikel 48 EGV ist im AEUV beispielsweiße als Artikel 45 zu finden.
[4] Vgl. Art. 3 c EGV
[5] Vgl. Bochert, 2012, S.10f.
[6] Vgl. Flory, 1997, S.68

schließlich zum RC Visé, wo er seine Karriere 1996 endgültig beendete.[1] Man vermutete, dass Bosman trotz des ihm gewährten Freiraums einem Boykott seitens aller europäischen Vereine ausgesetzt worden war.[2]

3.4 Ausgangsverfahren

Ebenfalls am 8. August 1990 hatte Jean-Marc Bosman beim Tribunal Lüttich ein Hauptsacheverfahren eingereicht. Darin klagte er zunächst gegen den RFC Lüttich auf Schadenersatz in Höhe von 30 000 000 BEF, welche er durch die Verletzung der vertraglichen Verpflichtungen und die Rechtswidrigkeit des Transfersystems begründete.[3]

Um die Rechtmäßigkeit ihrer Regeln sowie der entsprechenden Richtlinien der UEFA feststellen zu lassen, trat am 3. Juni 1991 die URBSFA dem Rechtsstreit bei. Am 9. April 1992 reichte Bosman beim Tribunal de Premiere Instance Lüttich neue Anträge ein. Diese zielten zum einen darauf, die Transferregeln und die Ausländerklauseln für nichtig zu erklären, zum anderen klagte Bosman darin den RFCL, die URBSFA und die UEFA auf Schadenersatz in Höhe von 23 111 350 BEF. Darin inbegriffen war, zum einen Teil, ein Betrag in Höhe von 11 368 350 BEF, welcher dem Schaden entsprach, der Bosman vom 1. August 1990 bis zum Ende seiner Karriere als Berufsfußballer wegen des schuldhaften Verhaltens und des daraus folgenden Scheitern seines Transfers zur US Dünkirchen entstanden war.[4] Den andere Teil, 11 743 000 BEF, der Schadenersatzklage entsprach jenem Betrag, der ihm seit Beginn seiner Laufbahn durch Anwendung der Transferregeln entgangen war. Des Weiteren regte Bosman an, den EuGH um eine Vorabentscheidung zu ersuchen.[5]

Die UEFA war der Auffassung, dass eine Klage gegen sie vor den Schweizer Gerichten erhoben werden müsse, jedoch wies das Tribunal Lüttich den Antrag des europäischen Kontinentalverbandes mit dem Urteil vom 11. November 1992 zurück und erklärte sich

---

[1] Vgl. Transfermarkt-Datenbank: Jean-Marc Bosman. Transferhistorie. URL: http://www.transfermarkt.at/jean-marc-bosman/profil/spieler/244754 (Zugriff: 29.1.2015)
[2] Vgl. Flory, 1997, S.68
[3] Vgl. ebd. S.69
[4] Vgl. Bochert, 2012, S.11f.
[5] Vgl. Flory, 1997, S.69

für zuständig, in der Hauptsache, zu entscheiden. Zudem entschied das Gericht, dass der RFC Lüttich rechtswidrig gehandelt hatte, als er den Vereinswechsel von Herrn Bosman zur US Dünkirchen scheitern lies und stellte klar, dass der RFCL für den entstandenen Schaden aufzukommen habe.[1]

3.5 Fragen zur Vorabentscheidung an den EuGH

Mit der Bitte um europaweite einheitliche Regelung, legte der Cour d'appel Lüttich dem Europäischen Gerichtshof am 1. Oktober 1993 folgende Fragen vor:

Sind die Artikel 39, 81 und 82 EGV[2] dahingehend auszulegen, dass sie es verbieten,

- dass ein Fußballverein der einen Spieler mit auslaufendem Vertrag abgibt, von dessen neuem Arbeitsgeber die Zahlung eines Geldbetrages verlangen und entgegennehmen kann;[3]
- dass die nationalen und internationalen Sportverbände den Zugang ausländischer Spieler aus der Europäischen Gemeinschaft zu den von ihnen veranstalteten Wettbewerben durch Bestimmungen in den Regelungen beschränken können?[4]

Zwischen der zweiten Frage und der Klage von Bosman besteht eigentlich kein unmittelbarer Zusammenhang, da der Transfer zur US Dünkirchen nicht aufgrund der bestehenden Ausländerklauseln scheiterte. Obwohl sich somit nur die erste Frage direkt auf die Klage von Jean-Marc Bosman bezog, nahm sich der EuGH beider Fragestellungen an.[5]

3.5.1 Artikel 39 EGV im Überblick

Durch Artikel 39 EGV werden grundsätzlich alle die Freizügigkeit eines Arbeitnehmers beeinträchtigenden Beschränkungen verboten. Als grundlegende Freiheit im System des Gemeinschaftsrechts handelt es sich bei der Arbeitnehmerfreizügigkeit um ein

---

[1] Vgl. ebd., S.69f.
[2] Zu Zeiten Bosmans waren die Artikel 39, 81 und 82 EGV noch unter der alten Nummerierung als Artikel 48, 85 und 86 EGV bekannt.
[3] Vgl. EuGH, Rs. C -415/93, Slg. 1995, I-4921, Rn. 49 (Bosman)
[4] Vgl. Flory, 1997, S.71
[5] Vgl. Weisbrich, 2013, S.8

sogenanntes Grundrecht. Es gibt den Angehörigen der Mitgliedstaaten der europäischen Gemeinschaft das Recht, zu den für die Arbeitnehmer des jeweiligen Staates geltenden Bedingungen, eine Tätigkeit als Arbeitnehmer auszuüben.[1] Demzufolge kann man vermuten, dass die Verhinderung des Vereinswechsel Bosmans vom RFC Lüttich zur US Dünkirchen rechtswidrig war, da seine Arbeitnehmerfreizügigkeit durch dass Verlangen einer Ablösesumme nach Ablauf seines Vertrages, sowie die Verwehrung der Ausstellung eines Freigabescheins rechtswidrig war.

Besonders hervorzuheben ist, dass Artikel 39 Absatz 2 EGV die *„Abschaffung jeder auf der Staatsangehörigkeit beruhenden unterschiedlichen Behandlung der Arbeitnehmer der Mitgliedstaaten in bezug auf Beschäftigung, Entlohnung und sonstige Arbeitsbedingungen"*[2] umfasst.

Im Wesentlichen wollte der Cour d'appel Lüttich vom EuGH wissen, ob die von den Sportverbänden aufgestellten Regeln, welche die Teilnahme ausländischer Spieler an den von ihnen veranstalteten Wettkämpfe beschränken gegen Artikel 39 EGV verstoßen.[3] Nach Auffassung Bosmans und seiner Anwälte widersprach die Ausländerklausel (siehe Kapitel 3.2.2) gegen dieses Grundrecht.

3.5.2 Artikel 81 und 82 EGV im Überblick

Artikel 81 und 82 sind im EGV im Kapitel „Wettbewerbsregeln" unter dem Abschnitt „Vorschriften für Unternehmen" zu finden. Sie betreffen Unternehmen, beziehungsweise Unternehmensvereinigungen und umschreiben die geltenden Wettbewerbsregeln innerhalb der Europäischen Gemeinschaft. Artikel 81 EGV verbietet Maßnahmen von Unternehmen und Unternehmensvereinbarungen, welche den Handel zwischen Mitgliedstaaten beeinträchtigen und den Wettbewerb innerhalb der Europäischen Gemeinschaft verfälschen, einschränken oder gar verhindern.[4] Artikel 82 EGV verbietet die missbräuchliche Ausnutzung einer beherrschenden Stellung, soweit dies dazu führt, dass der Handel zwischen Mitgliedstaaten

---

[1] Vgl. Flory, 1997, S.71f.
[2] Art. 39. Abs. 2 EGV
[3] Vgl. EuGH, Rs. C -415/93, Slg. 1995, I-5073, Rn. 115 (Bosman)
[4] Vgl. Art. 81 EGV

beeinträchtigt wird. Demzufolge ist davon auszugehen, dass der RFC Lüttich als Unternehmen, sowie die URBSFA und die UEFA als Unternehmensvereinigungen ordnungswidrig gehandelt haben.

Fraglich war jedoch, ob es sich bei Fußballvereinen um Unternehmen handle. Der Begriff „Unternehmen" ist dem EuGH zufolge folgendermaßen definiert: Ein Unternehmen ist eine Einheit die eine wirtschaftliche Tätigkeit ausübt. Dabei spielt ihre Rechtsform und die Art ihrer Finanzierung keine Rolle. Demzufolge handelt es sich bei Profi-Fußballklubs um Unternehmen, da sie unumstritten eine wirtschaftliche Tätigkeit ausüben.[1] In weiterer Folge sind Fußballverbände als Unternehmensvereinigungen anzusehen, da sie ebenfalls wirtschaftlich aktiv sind.

3.6 Urteil des Europäischen Gerichtshof

Mit dem Bosman-Urteil vom 15. Dezember 1995 erklärte der EuGH, dass das damals geltende Transfersystem, sowie die Ausländerklausel nicht mit Artikel 39 EGV vereinbar sei. Auf die ihm vorgelegten Fragen erkannte der EuGH,

- dass Artikel 39 EGV den Sportverbänden verbietet, dass ein Berufsfußballer, welcher Staatsangehöriger eines Mitgliedstaates der EG ist, nach Ablauf seines Vertrages bei einem Fußballverein, nur dann von einem Verein eines anderen Mitgliedstaates verpflichtet werden kann, wenn dieser dem bisherigen Verein eine Transfer-, Ausbildungs- oder Förderungsentschädigung gezahlt hat.[2]
- dass Artikel 39 EGV den Sportverbänden untersagt, durch das Aufstellen von Regeln, die Anzahl ausländischer Spieler, die an den von ihnen veranstalteten Wettkämpfe teilnehmen dürfen, zu beschränken.[3]

Zur Auslegung der Artikel 81 und 82 EGV entschied der EuGH in seinem Urteil wie folgt:

---

[1] Vgl. Flory, 1997, S.73
[2] Vgl. EuGH, Rs. C -415/93, Slg. 1995, I-5081 (Bosman)
[3] Vgl. ebd.

„Da die beiden in den Vorlagefragen genannten Arten von Regeln gegen Artikel 48 verstoßen, braucht über die Auslegung der Artikel 85 und 86 des Vertrages nicht entschieden zu werden."[1]

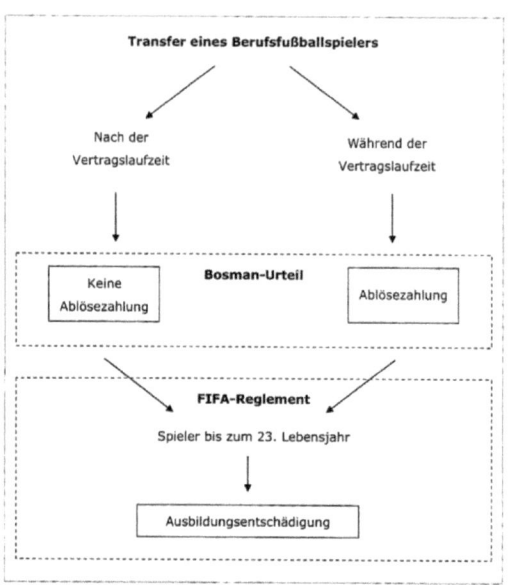

Abbildung 2: Transferregelungen bzgl. Ablösezahlungen im Überblick[1]

Die Abbildung 2 stellt die derzeit gültigen Transferregelungen dar, welche seit dem 1. Mai 2005 auch eine Ausbildungsentschädigung für bestimmte Spieler vorsehen. Sie ist in Artikel 20 des FIFA-Reglements bezüglich Status und Transfer von Spielern definiert und besagt, dass Vereine, die einen Spieler ausgebildet haben, eine Ausbildungsentschädigung erhalten, wenn dieser seinen ersten Profivertrag unterzeichnet oder bei jedem Vereinswechsel bis zu seinem 23. Lebensjahr. Die Ausbildungsentschädigung hatte den Zweck Ausbildungsvereine zu belohnen und das wirtschaftliche Gleichgewicht zu gewährleisten.[2]

Fazit: Zum einen ist, durch das Urteil, die Zahlung von Ablösesummen nur noch bei Transfers von Spielern zulässig, die bei ihrem Verein einen laufenden Vertrag haben.

[1] EuGH, Rs. C -415/93, Slg. 1995, I-5078, Rn. 138 (Bosman)
[2] Vgl. Jagschich, Stefan: Der europäische Fußball im Wandel. Das Bosman-Urteil und die EU-Ausländerregelung – die daraus folgenden Auswirkungen auf den österreichischen und europäischen Klubfußball. Wien: Diplomarbeit an der Fakultät für Sozialwissenschaften, 2010, S.52

Zum anderen darf jeder Profi-Fußballverein, seit dem Urteil, beliebig viele Spieler einsetzen, die einem Mitgliedstaat der EU angehören.[1]

Während die wenigsten Fachleute an der Auslegung des Urteils Kritik übten, wurde vom Großteil der Experten und Funktionsträgern der Umstand bemängelt, dass den Vereinen, den nationalen Verbänden und der UEFA von Seiten des EuGH keine Übergangszeit für die Umsetzung des Urteilspruches zugesprochen wurde. Die neuen Regelungen waren somit bereits für die Saison 1996/97 gültig.

Betroffene Länder

Grundsätzlich waren vom „Aktenzeichen RS C-415/93" (Bosman-Urteil) lediglich die Mitglieder des Europäischen Wirtschaftsraums betroffen. Dieser setzte sich damals wie heute aus den Mitgliedstaaten der EU und der EFTA, welche als Mitglied des EWR die gleichen Rechte genossen wie die Mitglieder der EG, zusammen. Zum Zeitpunkt der Urteilsverkündung am 15. Dezember 1995 waren die damals 15 EG-Mitgliedstaaten und mit Island, Lichtenstein und Norwegen zusätzlich drei von vier EFTA-Mitgliedstaaten[2] vom Urteil betroffen. Die Entscheidung des EuGH galt auch für das Land Österreich, welches am 1. Jänner 1995 der EG beigetreten war und demzufolge den „Acquis communautaire", also den Besitzstand der Gemeinschaft, übernehmen musste. Somit waren von 52 nationalen Verbänden der UEFA und 193 nationalen Verbänden der FIFA zwar nur 21 nationale Verbände[3] unmittelbar betroffen, jedoch handelte es sich bei diesen um die wirtschaftlich und sportlich bedeutsamsten Verbände.[4] **Obwohl das Bosman-Urteil nur für Mitgliedstaaten des EWR galt, setzte die FIFA das Urteil im Laufe der Zeit weltweit um.**[5] Im Jahr 2001 gelang es der FIFA schließlich ein weltweit einheitliches System zu schaffen.[6]

---

[1] Vgl. Weisbrich, 2013, S.9
[2] Die Schweiz stellt eine Ausnahme dar. Sie ist zwar Mitglied der EFTA, nicht jedoch des EWR.
[3] Das Vereinigte Königreich umfasst mit dem englischen, schottischen, walisischen und nordirischen Fußballverband vier nationale Verbände.
[4] Vgl. Flory, 1997, S.81
[5] Vgl. Weisbrich, 2013, S.12
[6] Vgl. Jagschich, 2010, S.52

4 Auswirkungen des Bosman-Urteils

4.1 Wegfall der Ausländerklausel

4.1.1 Entwicklung des Ausländeranteils

Seit Inkrafttreten des Bosman-Urteils dürfen Fußballvereine, durch die Beseitigung der Ausländerklausel, so viele ausländische Spieler unter Vertrag nehmen, wie sie möchten. Durch diese „Marktöffnung" stieg die Anzahl ausländischer Fußballer in den Fußballigen des gesamten EU-Raums schlagartig an. In beinahe allen Ligen Europas hat sich der Ausländeranteil bis zur Saison 2000/01 mehr als verdoppelt. In der englischen Premier League sind mit 66,8%, aktuell, sogar mehr als zwei Drittel nicht-englische Staatsbürger. In der Saison 1994/95 machte die Gruppe der Legionäre lediglich ein Drittel aller Spieler aus, was für damalige Verhältnisse ein sehr hoher Wert war. Demzufolge wurde die 3+2 Regel (siehe Kapitel 3.2.2) beinahe ausgeschöpft.

Situation in Österreich

Auch in Österreich führte das Urteil zu einem raschen Anstieg der Ausländerquote in der Bundesliga. In der Saison 1994/95 waren unter 237 Spielern nur 40 Legionäre vertreten, was einem Ausländeranteil von 16,9% entsprach. Durchschnittlich spielten somit vier Ausländer bei einem der zehn Vereine der obersten österreichischen Spielklasse. Nach dem Urteilspruch des EuGH im Fall Bosman standen, nur ein Jahr später, in der Saison 1995/96 von insgesamt 243 Spielern bereits 56 Spieler mit ausländischer Staatsbürgerschaft bei den zehn Erstligisten unter Vertrag. Ab dem Bosman-Urteil bis zur Saison 2003/04 stieg die Legionärsquote – mit Ausnahme der Saison 2002/03 - kontinuierlich an. Pünktlich zur Jahrtausendwende wurde in der Saison 1999/2000 erstmals die Marke von 100 ausländischen Berufsfußballern in der 1.Liga erreicht. Den höchsten Ausländeranteil zählte die Österreichische Bundesliga mit 40,2% in der Saison 2003/04. Dieser Prozentwert entsprach 111 Spieler ausländische Staatsbürgerschaft bei einer Gesamtzahl von 276 Berufsfußballern in der höchsten Spielklasse Österreichs. Dies bedeutet, dass bei einer durchschnittlichen

Kadergröße von 27,6 Spielern pro Verein durchschnittlich 11,1 ausländische Spieler unter Vertrag waren. Mit Einführung des „Österreicher-Topfs" in der Saison 2004/05 (siehe Kapitel 4.1.3) konnte man dieser Entwicklung gegensteuern. Dadurch ist der Legionärsanteil innerhalb von nur zehn Jahren von 36,9% (2004/05) um über 12% auf 25,6% (2014/15) gesunken. Bei 274 Spielern bedeutet das eine Anzahl von 71 Legionären. Die Entwicklung des Ausländeranteils in der Österreichischen Bundesliga ist in Abbildung 3 ersichtlich. Davon haben 14 Spieler die deutsche Staatsbürgerschaft. Dies bedeutet, dass die meisten Gastarbeiter aus Deutschland kommen. Neben acht Kroaten und sieben Spaniern sind auch drei Brasilianer bei den zehn Bundesligaklubs unter Vertrag.[1] Viele dieser Ausländer sind bei ihren Klubs wichtige Leistungsträger. Der Deutsch Steffen Hoffmann scheint für Rapid Wien ebenso unverzichtbar wie der Spanier Jonatan Soriano für Red Bull Salzburg.

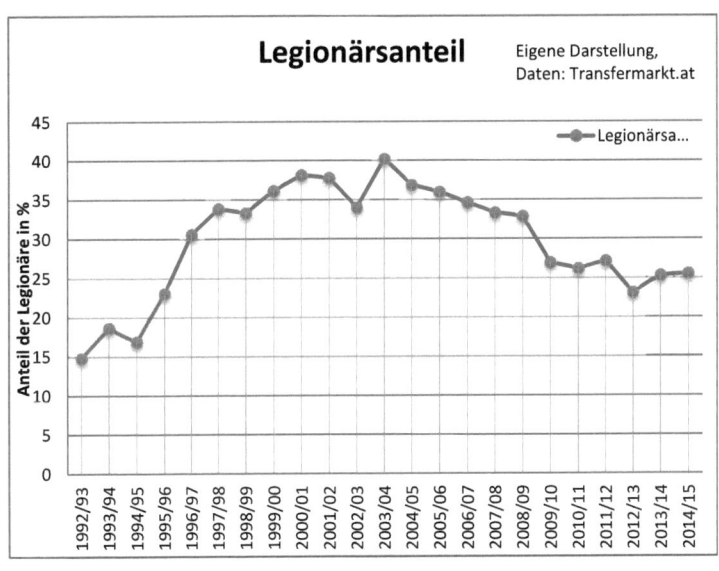

Abbildung 3: Entwicklung des Ausländeranteils in der Österreichischen Bundesliga

---

[1] Vgl. Transfermarkt-Datenbank: Bundesliga. Gastarbeiter. URL: http://www.transfermarkt.at/bundesliga/gastarbeiter/wettbewerb/A1 (Zugriff: 26.1.2015)

4.1.2 Änderung des Leistungsniveaus

Durch den Wegfall der Ausländerklausel veränderte sich das Leistungsniveau in allen Ligen Europas. Vor dem Bosman-Urteil galt aufgrund der Ausländerbeschränkung zumeist, dass die besten Niederländer, Portugiesen, Belgier, Österreicher usw. in den Ligen ihres Heimatlandes spielten, wodurch das Leistungsniveau hauptsächlich von der Bevölkerungsgröße abhängig war. Seit der Aufhebung der Ausländerbeschränkung zieht es die besten Fußballer der Welt in die „Big Five"-Ligen. Unter diesem Begriff versteht man mit Englands „Premier League", Deutschlands „1.Bundesliga", Spaniens „Primera División", Italiens „Serie A" und Frankreichs „Ligue 1" jene fünf Ligen, die europaweit den höchsten Umsatz generieren. Die Basis für den hohen Umsatz jener Ligen ist die Größe und finanzielle Beschaffenheit des Zuschauerpotentials. Viele zahlungskräftige Stadionbesucher und Fans vor den TV-Geräten ziehen das Interesse von Sponsoren und Medien an und dementsprechend hoch ist der Umsatz dieser Ligen.[1] Hervorzuheben ist Englands Premier League, die in der Saison 2012/13 mit einem Umsatz von 2,9 Mrd. EUR deutlich vor der deutschen Bundesliga (1,9 Mrd. EUR) und der spanischen Primera División (1,8 Mrd. EUR) liegt. Auch Italiens und Frankreichs höchste Spielklassen konnten einen Umsatz von über einer Mrd. EUR verbuchen.[2] Zum Vergleich: Österreichs „tipico-Bundesliga" machte im selben Zeitraum einen Gesamtumsatz von 153 Mio. EUR.[3]

Die Qualitätssteigerung in den Top-Ligen, brachte jedoch eine Senkung des Leistungsniveaus in den finanzschwächeren Ligen mit sich. Die kleinen Märkte wie Österreich, Tschechien, Polen, den Niederlanden usw., verfügen nicht über das nötige Zuschauerpotential um mit den „Big Five"-Ligen mithalten zu können. So entsteht eine Unterteilung in „fußballer-importierende" und „fußballer-exportierende" Ligen. Die Vereine in finanzschwachen Ligen erzielen nur wenig Umsatz aus Ticketverkäufen, Medienrechten und Sponsoring, wodurch sie regelmäßig Spieler verkaufen müssen um

---

[1]Vgl. Weisbrich, 2013, S.16ff.
[2] Vgl. finanzen.net: Bundesliga im Umsatz-Ranking auf Platz zwei hinter Premier League. 6. Juni 2013. URL: http://www.finanzen.net/nachricht/aktien/Bundesliga-im-Umsatz-Ranking-auf-Platz-zwei-hinter-Premier-League-2474997 (Zugriff: 28.1.2015)
[3] Österreichs höchste Spielklasse besteht nur aus zehn Vereinen. Der Umsatz der Englischen, Italienischen, Französischen und Spanischen Liga wurde von 20 Vereinen erwirtschaftet bzw. jener der Deutschen Liga von 18 Vereinen.

die Kosten für den Spielbetrieb decken zu können. Leistungsstarke Spieler müssen dementsprechend beinahe zwangsweise an finanzstarke Ligen abgegeben werden. Wenn man die Transfersalden[1] der letzten fünf Jahre, von der Saison 2009/10 bis zur Saison 2014/15, betrachtet, kann man eindeutig feststellen, dass es sich bei den „Big Five"-Ligen um „fußballer-importierende" Ligen handelt, da sie allesamt ein minus von über 150 Mio. EUR verbuchten. Die englische „Premier League" verbucht sogar einen Transfersaldo von minus 2,074 Mrd. EUR, was einem jährlichen Transfersaldo von minus 414 Mio. EUR entspricht. Im Gegensatz dazu handelt es sich bei der portugiesischen „Primeira Liga" (Transfersaldo: plus 492 Mio. EUR) und der niederländischen „Eredivisie" (Transfersaldo: plus 389 Mio. EUR) unmissverständlich um „fußballer-exportierende" Ligen. Auch die Österreichische „tipico-Bundesliga" kann mit einem Transfersaldo von 41 Mio. EUR in den letzten fünf Jahren als solche eingestuft werden.[2] Meines Wissens konnte Red Bull Salzburg in der Saison 2014/15 einzig durch den Verkauf von Sadio Mané, Kevin Kampl und Alan Einnahmen in Höhe von etwa 38 Mio. EUR verbuchen.

Tabelle 1: Transfersalden ausgewählter Ligen von der Saison 2009/10 bis 2014/15[3]

Liga	Ausgaben	Einnahmen	Transfersaldo
Premier League (England)	4,76 Mrd. €	2,69 Mrd. €	-2,07 Mrd. €
1. Bundesliga (Deutschland)	1,58 Mrd. €	1,13 Mrd. €	-450 Mio. €
Serie A (Italien)	3,11 Mrd. €	2,83 Mrd. €	-280 Mio. €
Primera División (Spanien)	2,32 Mrd. €	2,15 Mrd. €	-170 Mio. €
Ligue 1 (Frankreich)	1,53 Mrd. €	1,31 Mrd. €	-220 Mio. €
Primeira Liga (Portugal)	543 Mio. €	1,04 Mrd. €	497 Mio. €
Eredivisie (Niederland)	290 Mio. €	680 Mio. €	390 Mio. €
Tipico-Bundesliga (Österreich)	67 Mio. €	108 Mio. €	41 Mio. €

[1] Um den Transfersaldo einer Liga zu berechnen muss man die Ausgaben von den Einnahmen abziehen.
[2] Transfermarkt-Datenbank: Transfersalden (Einnahmen und Ausgaben) URL: http://www.transfermarkt.de/transfers/transfersalden/statistik?sa=&saison_id=2009&saison_id_bis=2014&land_id=&nat=&pos=&w_s= (Zugriff: 29.1.2015)
[3] eigene Darstellung; Daten: ebd.

Die stark positiven Transfersalden in finanzschwächeren Ligen (siehe Tabelle 1)
bedeuten, dass mit der Abgabe guter und dementsprechend teurer Fußballer mehr
Geld eingenommen wurde, als bei der Verpflichtung neuer Spieler ausgegeben wurde.
Daran kann man schlussfolgern, dass das Leistungsniveau in den finanzschwachen
Ligen sank, beziehungsweise in den finanzstarken Ligen stieg. Sichtbar wird diese
Entwicklung anhand der „UEFA Champions League"-Sieger. Seit dem Bosman-Urteil
1995 kamen von 1996 bis 2014 mit Ausnahme des portugiesischen FC Porto im Jahr
2004 alle Sieger der „UEFA Champions League" aus einer der vier finanzstärksten Ligen
der Welt (Premier League, Primera División, 1. Bundesliga und Serie A). Vor dem
Bosman Urteil konnten im gleichen Zeitraum von 1977-1995 Fußballvereine aus neun
verschiedenen Ländern die bedeutendste Auszeichnung im Klubfußball gewinnen.

4.1.3 Entwicklung der Spielergehälter und Ablösesummen

Experten vermuteten, dass der Wegfall einer Transferentschädigung bei der
Verpflichtung eines ablösefreien Spielers, die Gehälter der Spieler erhöhen würde.
Jedoch wurde nicht bedacht, dass nicht nur die Transferausgaben für den
verpflichtenden Verein, sondern auch die Transfereinnahmen für den abgebenden
Verein entfallen. Dadurch, dass sich jeder Verein bei der Verpflichtung eines
ablösefreien Spielers in etwa die gleiche Summe erspart, die ihm bei der Abgabe eines
Spielers verwehrt bleiben, gleicht sich das ganze wieder aus und es bleibt folglich nicht
mehr Geld für höhere Spielergehälter über.[1]

Das Berufsfußballer seit dem Bosman-Urteil kontinuierlich höhere Gehälter beziehen,
ist jedoch zweifellos. Begründen kann man diese Entwicklung durch den Wegfall der
Ausländerklausel. Seit der Öffnung des Spielermarktes sind Vereine einem größeren
Konkurrenzkampf ausgesetzt als je zuvor. Um wettbewerbsfähig zu bleiben, müssen
sie mehr Geld in die Gehälter der Spieler investieren, um diese an sich binden zu
können.[2] Spitzenspieler verdienen besonders und im Verhältnis zu Durchschnitts- und

---

[1] Vgl. Quitzau, Jörn: Das Spiel als Premiumprodukt. Die Ökonomie der Bundesliga. 18. Juni 2014. URL:
www.bpb.de/gesellschaft/sport/bundesliga/160773/oekonomie-der-bundesliga?p=all (Zugriff: 4.2.2015)
[2] Vgl. Weisbrich, 2013, S.32

Ergänzungsspielern unverhältnismäßig viel Geld. Durch den Druck regelmäßig Erfolge zu verbuchen, sind Vereine nämlich darauf angewiesen solche Spitzenspieler zu verpflichten. Allerdings gibt es deutlich weniger „Starspieler" als Vereine, die um deren Dienste im Konkurrenzkampf stehen. Da sich die Vereine im Kampf um einen Spitzenspieler gegenseitig überbieten, verbessern sich die Konditionen des Vertrages und der Spieler kann sich schließlich für das Höchstgebot entscheiden. Im Gegensatz dazu sind Durchschnitts- und Ergänzungsspieler am internationalen Markt leicht zu ersetzen.[1] Vereine können sich in der gesamten EWR nach preiswerteren Spielern umsehen. Die Höhe der Spielergehälter entspricht somit dem Prinzip von Angebot und Nachfrage.

Gleichermaßen ist die Entwicklung der Ablösesummen zu erklären. Um sich die Dienste eines Spitzenspielers zu sichern, muss ein Vereine die Angebote der Konkurrenten überbieten, da im Normalfall jener Verein den Zuschuss bekommt, der das höchste Angebot abgibt. Voraussetzung für eine solche Ablösesumme ist natürlich, dass der betroffene Spieler bei seinem aktuellen Arbeitgeber einen laufenden Vertrag hat, wodurch er nur durch die Zahlung einer Ablösesumme erworben werden kann. Das dem sportlichen Erfolg bei einigen finanzstarken Vereinen alles untergeordnet wird und Geld scheinbar keine Rolle mehr spielt, zeigen aktuelle Transfers. So hat Real Madrid 2009 für den Portugiesen Cristiano Ronaldo, sowie 2013 für den Waliser Gareth Bale eine Ablösesumme in Höhe von jeweils 94 Mio. EUR an Manchester United beziehungsweise, Tottenham Hotspur überwiesen. Zum Vergleich, 1973 musste der FC Barcelona für den Niederländer Johan Crujff, der 1998 als „Europas Fußballer des Jahrhunderts" ausgezeichnet wurde, nur zwei Mio. EUR an Ablösesumme an Ajax Amsterdam entrichten.[2]

Unabhängig vom Bosman-Urteil kann man den Anstieg der Gehaltshöhe und der Ablösesummen auch auf die steigenden Umsätze in allen Profiligen Europas zurückführen. Durch steigende Einnahmen aus Ticketverkäufen, Medienrechten und Sponsoring ist der „zu verteilente Kuchen" gewachsen.

---

[1] Vgl. Gavrilas, Dimitrios: Wirkungen des „Bosman-Urteils" auf die Entwicklung des deutschen Profi-Fußballs. München: GRIN Verlag GmbH, 2007, S.20f.
[2] Vgl. Transfermark-Datenbank: Transferrekorde. URL: http://www.transfermarkt.at/statistik/transferrekorde (Zugriff: 5.2.2015)

4.1.4 Integration des Nachwuchses

Als gravierendstes Folgeproblem des Bosman-Urteils kann die fehlende Integration der Nachwuchsspieler bezeichnet werden. Vor dem Bosman-Urteil waren die Vereine darauf angewiesen, viel Geld und Aufwand in die Ausbildung des eigenen Nachwuchses zu investieren, um das sportliche Leistungsniveau erhalten und den Weiterbestand des Vereins damit sichern zu können. Im Zusammenhang mit dem vermehrten Einsatz ausländischer Spieler (siehe Kapitel 4.1.1), bekommen Nachwuchsspieler weniger Einsatzminuten. Mit der damit einhergehenden Steigerung des Leistungsniveaus wird es für junge Spieler zudem schwieriger in den höchsten Spielklassen mit den älteren und fertig ausgebildeten Kollegen mitzuhalten. Folglich müssen sie meist in die 2. oder 3. Liga ihres Landes ausweichen. Für die Fußballklubs scheint es rentabler zu sein sich je nach Bedarf punktuell mit fertig-ausgebildeten Spielern zu verstärken, welche zudem kurzfristig verpflichtet werden können, als den eigenen Nachwuchs langfristig auszubilden. Dies ist vor allem dem Druck geschuldet, dass die Fans von ihren Teams in möglichst kurzer Zeit möglichst große Erfolge erwarten, was gemeinhin jegliche Strategie ausschließt, Nachwuchsspieler langfristig in den Profibereich zu integrieren.[1] Nationalverbände, aus deren Sicht die Nachwuchsförderung in erster Linie zur Entwicklung leistungsstarker Spieler für die Nationalmannschaften dient, fürchteten zudem, dass die Vernachlässigung der Nachwuchsausbildung die Qualität der jeweiligen Nationalmannschaft verschlechtern könne.[2]

Österreicher-Topf

Im Hinblick auf die Europameisterschaft 2008 in Österreich und der Schweiz, führte die österreichische Bundesliga in der Saison 2004/05 den sogenannten „Österreicher-Topf" ein, um dieser Entwicklung entgegenzuwirken und für das Turnier eine möglichst gute Mannschaft aufbieten zu können. In diesem Topf befinden sich jährlich etwa fünf Mio. EUR, welche als Fördergeld an die zehn Vereine der „tipico Bundesliga" ausgezahlt werden. Je mehr Minuten die Klubs österreichische Spieler in Pflichtspielen eingesetzt haben, desto mehr Fördergeld wird an sie ausgeschüttet. Dadurch sollen die

---

[1] Vgl. Jagschich, 2010, S.54
[2] Vgl. Gavrilas, 2007, S.23ff.

Klubs für den Einsatz österreichische Spieler belohnt werden. Die Einsatzminuten von österreichischen Fußballern im Alter von unter 22 Jahren rentieren sich besonders, da diese doppelt gewertet werden. Durch den Österreicher-Topf konnte der Legionärsanteil in den Kadern der Erstligisten von 40% in der Saison 2004/2005 auf 25% gesenkt werden (Saison 2014/15).[1]

Finanziert wird der Österreicher-Topf zum größten Teil aus den TV-Erlösen. Durch Übertragungsrechte erhält jeder Verein der Bundesliga jährlich in etwa 800 000 EUR, von denen er die Hälfte in den Österreicher-Topf einzahlen muss. Bei zehn Klubs in der Liga befinden sich dadurch rund vier Mio. EUR im Österreicher-Topf. Der ÖFB, welcher vom Österreicher-Topf insofern profitiert, dass potentielle Nationalspieler im Profibereich Erfahrung sammeln können, honoriert diese Fördermethode durch einen Zuschuss von jährlich rund einer Mio. EUR. Somit befinden sich zirka fünf Mio. EUR im Topf.[2]

Wie bereits erwähnt werden diese fünf Mio. EUR in Relation zu den Einsatzminuten österreichischer Spieler ausbezahlt. Voraussetzung, um als Verein einen Teil dieses Fördergeldes zu bekommen, ist jedoch, dass mindestens zwölf Spieler österreichischer Staatsbürgerschaft am Spielbericht[3] stehen. Die Einsatzzeit der Österreicher in der Saison 2012/13 belief sich auf 75,4%. Da der Österreicher-Topf eine willkommene Einnahmequelle ist, wird er in der Regel in Anspruch genommen und besonders kapitalschwache Vereine sind auf dieses Geld angewiesen. Lediglich Austria Wien in der Ära Magna/Stronach und aktuell Red Bull Salzburg verzichten auf diese finanzielle Unterstützung.[4] Im 27-Mann-Kader von Red Bull Salzburg sind zurzeit 18 Legionäre[5].[6]

---

[1] Vgl. Österreichische Fußball-Bundesliga: Saisonbilanz der tipp3-Bundesliga powered by T-Mobile nach 36 Runden. 28. Mai 2013. URL: http://www.bundesliga.at/index.php?id=561351&resource=562917 (Zugriff: 27.1.2015)

[2] Vgl. Transfermarkt-Datenbank: Österreicher-Topf zeigt Wirkung. 15.Dezember 2009. URL: http://www.transfermarkt.at/oesterreicher-topf-zeigt-wirkung/view/news/33823 (Zugriff: 27.1.2015)

[3] Am Spielbericht werden alle für ein bestimmtes Pflichtspiel einsatzberechtigten Fußballer angeführt. Konkret sind das pro Team elf Startspieler und sieben Ersatzspieler.

[4] Vgl. Österreichische Fußball-Bundesliga, 2013

[5] Stand: 6. Februar 2015

[6] Vgl. Transfermarkt-Datenbank. Red Bull Salzburg. URL: http://www.transfermarkt.at/red-bull-salzburg/startseite/verein/409 (Zugriff: 6.2.1015)

4.2 Wegfall der Ablösesumme bei einem Transfer nach Vertragsende

4.2.1 Entwicklung der Vertragslaufzeiten

Für Fußballvereine spielte die Vertragsdauer ihrer Spieler vor dem Bosman-Urteil eine untergeordnete Rolle. Ging der Vertrag eines Spielers zu Ende, so hatte man die Möglichkeit ihm einen neuen Vertrag vorzulegen oder ihn für eine Transferentschädigung an einen anderen Verein abzugeben. Seit die Vereine für den Vereinswechsel eines Spielers nach Ende seiner Vertragslaufzeit keine Transferentschädigung mehr verlangen dürfen, versuchen die Klubs dies mit langfristigen Verträgen zu kompensieren. Im Falle eines vorzeitigen Vereinswechsels kann der abgebende Verein dann eine Ablösesumme fordern.[1] Wenn nun ein Spieler einen Vertrag über fünf Jahre unterzeichnet[2], bedeutet das in der Praxis, das der Verein versuchen wird, ihn vor Ende seiner Vertragslaufzeit zu einem anderen Verein zu transferieren, um noch eine Ablösesumme verlangen zu können.

Mit der Tendenz zur langfristigen Bindung eines Spielers gehen jedoch große Risiken einher. Einem verpflichtenden Verein ist es in Wahrheit unmöglich, die Leistungsentwicklung eines Spielers über fünf Jahre vorauszusehen. Dadurch besteht die Gefahr, dass ein Spieler trotz schwacher Leistungen weiterhin wie im Vertrag festgelegt entlohnt wird. Erbringt ein Spieler jedoch bessere Leistung als es der im Vertrag vereinbarten Entlohnung entspricht, wird er das Interesse anderer Vereine erwecken. Um seine Dienste dann weiterhin in Anspruch nehmen zu können, muss der Verein dem Spieler einen neuen Vertrag zu verbesserten Konditionen vorlegen. Dadurch kann man den Anstieg der durchschnittlichen Vertragsdauer von knapp unter 2,5 Jahren vor dem Bosman-Urteil in der Saison 1994/95 auf 3,21 Jahre in der Saison 1996/97 begründen. Auffällig ist, dass junge Spieler und Spieler mit einer hohen Ablösesumme im Durchschnitt mit längerfristigen Verträgen ausgestattet werden. Demzufolge ist festzustellen, dass die Vertragsdauer mit der erwarteten Wertschöpfung an eine Neuverpflichtung steigt.

---

[1] Vgl. Weisbrich, 2013, S.26
[2] Die FIFA legte die maximale Vertragsdauer auf 5 Jahre fest, die Mindestvertragsdauer beträgt ein Jahr.

Um diese Risiken zu umgehen, nutzen die Vereine vermehrt die Möglichkeit eines Vertrages mit Option auf Verlängerung. Beispiel: Ein Spieler wird für drei Jahre verpflichtet und es wird vertraglich eine Option auf zwei weitere Jahre vereinbart. Ist der Verein nach den ersten drei Jahren mit der Leistung des Spielers in jenem Maße zufrieden, dass er dessen Dienste weiterhin in Anspruch nehmen will, hat er nun die Option den Vertrag des Spielers für zwei weitere Jahre zu verlängern.

4.2.2 Ungleichgewichte auf Vereinsebene

Eine weitere Auswirkung des Urteils ist die Entstehung einer Zwei-Klassen-Gesellschaft auf Vereinsebene. Durch den Wegfall der Ablösesumme wird das sportliche und finanzielle Gleichgewicht zwischen finanzschwachen und finanzstarken Vereinen verstärkt. Während finanzstarke Vereine den Wegfall der Transferentschädigung beim Wechsel eines ablösefreien Spieler verschmerzen können, sind finanzschwache Vereine auf diese Zahlung angewiesen, um ihre Existenz zu sichern. Verpflichtete Spieler werden von diesen kleineren Vereinen als Aktie gesehen, die sie nach Vertragsende weiterverkaufen konnten.[1] Durch den Wegfall dieser Einnahmequelle müssen kleinere Vereine auf Alternativen, wie beispielsweise die gezielte Nachwuchsförderung setzen.

Allerdings kann man argumentieren, dass das Ungleichgewicht zwischen Vereinen mit großem und Vereinen mit kleinem Budget auf nationaler Meisterschaftsebene schon immer vorhanden war und es sich durch das Bosman-Urteil höchstens verstärkt hat. Finanzstarke Vereine konnten bereits vor dem Urteilsspruch die besten Spieler aus dem Inland unter Vertrag nehmen, während sich die kleinen Teams mit heimischen Durchschnittsspielern begnügen mussten.[2] An dieser Stelle muss auf den Wegfall der Ausländerklausel hingewiesen werden, welcher zur Folge hat, dass sich die finanzstarken Vereine nun zusätzlich mit guten leistungsstarken Ausländern verstärken können. Dadurch kommt es auch international zu einem Ungleichgewicht auf Vereinsebene.

---

[1] Vgl. Gavrilas, 2007, S.28
[2] Vgl. Weisbrich, 2013, S.33

5 Ergebnisse

Mit dem Bosman-Urteil gingen große Veränderungen im Bereich des professionellen Fußballs einher. Dass von diesen Umstellungen nicht jeder profitiert hat, lässt sich durch Betrachtung des 4. Kapitels, den Auswirkungen des Bosman-Urteils, bereits erahnen. Im Folgenden möchte ich überblicksmäßig die Ergebnisse meiner Arbeit darlegen.

Als Gewinner des Bosman-Urteils gehen die Fußballspieler hervor, welche durch das Urteil in ihrer Arbeitnehmerfreizügigkeit nicht mehr eingeschränkt sind. Sie haben nun eine bessere Position bei Vertragsverhandlungen mit Vereinen, was eine verstärkte Jobsicherheit und –insbesondere bei Spitzenspielern- höhere Gehälter zur Folge hat. Jedoch haben nicht alle Spieler vom Urteil profitiert. Durch die Öffnung des Spielermarktes bekommen Nachwuchsspieler durch die fertig-ausgebildete ausländische Konkurrenz weniger Einsatzzeit. Die vernachlässigte Nachwuchsförderung stellt somit ein Hauptproblem dar. Mit dem Österreicher-Topf ist man in der „tipico-Bundesliga" auf einem guten Weg. Die Einführung dieser Förderungsmethode in allen Mitgliedstaaten könnte das Nachwuchsproblem lösen.

Als weitere Verlierer des Urteils sind die Fußballvereine zu sehen. Sie verloren ihre starke Verhandlungsposition an die Fußballspieler. Durch den Wegfall der Ablösesumme müssen sie Spieler nun mit langzeitigen Verträgen an sich binden, womit große Risiken einhergehen.

Der große Verlierer des Urteils ist Jean-Marc Bosman selbst. Unzählige Gerichtsverhandlungen, durch welche er sich hoch verschuldete, und ein vermuteter Boykott seitens aller europäischen Fußballklubs führten zum vorzeitigen Karriereende. Als Schadenersatz bekam er neun Jahre nach Prozessbeginn 780 000 EUR zugesprochen, mit welchen er sich bei Lüttich ein Haus baute. Während unzählige Fußballer dank seinen Verdienst reich wurden, musste der arbeitslose Belgier von etwa 700 EUR Sozialhilfe im Monat leben. Nach zwei Scheidungen, Alkoholsucht und Depressionen, folgte im Jahr 2013 der nächste Tiefpunkt. Da er sich nicht an die Bewährungsauflagen hielt, nachdem er im Jänner 2012 unter Alkoholeinfluss seine

Freundin und seine Tochter geschlagen hatte, wird er vom Lütticher Strafgericht zu einem Jahr Haft verurteilt.

Fraglich ist, inwiefern sich das Bosman-Urteil auf die Zuschauer ausgewirkt hat. Einerseits sorgt der Anstieg des Ausländeranteils für mehr Spielkultur und eine höheres Leistungsniveau, andererseits kann man argumentieren, dass sich Fans durch den vermehrten Einsatz von Ausländern, und der damit verbunden Vernachlässigung der eigenen Nachwuchsspieler, weniger mit ihrem Verein identifizieren können. Ob die Zuschauer nun als Gewinner oder Verlierer des Urteils zu sehen sind, wird weiterhin zu untersuchen sein.

Abschließend möchte ich betonen, dass mit der Entscheidung des EuGH nicht die erwartete Katastrophe eingetreten ist. Meiner Meinung nach haben die Vereine durch langfristige Verträge das richtige Mittel gefunden um den Wegfall der Ablösesumme nach Vertragsende eines Spielers zu kompensieren und mit dem „Österreicher-Topf" hat man eine gute Methode gefunden, den heimischen Nachwuchs in Österreichs oberste Spielklasse zu integrieren. Diese Förderungsmethode ließe sich mit Sicherheit in alle europäischen Ligen übertragen. Einzig das Ungleichgewicht auf Vereinsebene stellt ein Problem da, mit dem sich die FIFA und die Kontinentalverbände zukünftig auseinandersetzen müssen, um auch finanzärmeren Vereinen die Chance auf große Titel zu geben.

Das Gebäude des europäischen Sports scheint nach wie vor stabil zu sein.

Literaturverzeichnis

Busche, Arnd: Ökonomische Implikation des Bosman-Urteils. In: Hamann, P. / Schmitt, L. / Welling, M. (Hrsg.): Ökonomie des Fußballs. Grundlegungen aus volks- und betriebswirtschaftlicher Perspektive. Wiesbaden: Deutscher Universitätsverlag, 2004

Bochert, Jesse: Wie der Europäische Gerichtshof den bezahlten Sport revolutionierte. Das Bosman-Urteil und seine Auswirkungen. München: GRIN Verlag GmbH, 2012

Dinkelmeier, Bernd: Das „Bosman"-Urteil des EuGH und seine Auswirkungen auf den Profifußball in Europa. Würzburg: Dissertation an der juristischen Fakultät Universität Würzburg, 1999

Erning, Johannes: Professioneller Fußball in Deutschland. Eine wettbewerbspolitische und unternehmensstrategische Analyse. Berlin: Verlag für Wirtschaftskommunikation, 2000

Fladerer, Bernd: Anpfiff für Arbeitnehmerrechte. Freizügigkeit von Arbeitnehmern in der EU. Das Bosman-Urteil als Beispiel. Marburg: Tectum Verlag, 2009

Flory, Marcus: Der Fall Bosman. Revolution im Fußball? Kassel: Agon-Sportverlag, 1997

Gavrilas, Dimitrios: Wirkungen des „Bosman-Urteils" auf die Entwicklung des deutschen Profi-Fußballs. München: GRIN Verlag GmbH, 2007

Jagschich, Stefan: Der europäische Fußball im Wandel. Das Bosman-Urteil und die EU-Ausländerregelung – die daraus folgenden Auswirkungen auf den österreichischen und europäischen Klubfußball. Wien: Diplomarbeit an der Fakultät für Sozialwissenschaften, 2010

Magiera, Siegfried: Gerichtshof der Europäischen Union. In: Weidenfeld, Werner/ Wessels, Wolfgang (Hrsg.): Europa von A-Z. 12.Auflage. Baden-Baden: Nomos Verlag, 2011

Weisbrich, Matthias: Die Liberalisierung des Spielermarktes im Profifußball. Auswirkungen des Bosman-Urteils und Maßnahmen gegen die Fehlentwicklung. Hamburg: Bachelor + Master Publishing, 2013

Verzeichnis von Online zu Verfügung gestellten Quellen

Amt für Veröffentlichungen: Der Gerichtshof der Europäischen Gemeinschaften. Historische Eckpunkte, Gebäude und Symbole. Curia.europa.eu: Januar 2007. Als Download: http://curia.europa.eu/jcms/upload/docs/application/pdf/2008-11/de_historique.pdf

Europäische Union: Gerichtshof der Europäischen Union. Wie ist der Gerichtshof der Europäischen Union aufgebaut? Verfügbar unter: http://europa.eu/about-eu/institutions-bodies/court-justice/index_de.htm

finanzen.net: Bundesliga im Umsatz-Ranking auf Platz zwei hinter Premier League. 6. Juni 2013. URL: http://www.finanzen.net/nachricht/aktien/Bundesliga-im-Umsatz-Ranking-auf-Platz-zwei-hinter-Premier-League-2474997

Hummer, Waldemar. EuGH. Erhöhung der Zahl der Generalanwälte von acht auf elf. 9. Juli 2013. URL: http://www.eu-infothek.com/article/eugh-erhoehung-der-zahl-der-generalanwaelte-von-acht-auf-elf

Österreichische Fußball-Bundesliga: Saisonbilanz der tipp3-Bundesliga powered by T-Mobile nach 36 Runden. 28. Mai 2013. URL: http://www.bundesliga.at/index.php?id=561351&resource=562917

Pfeiffer, Friedrich: Fußball Transferrecht. Bundesliga entsetzt über Webster-Urteil. 1. Februar 2008. Als Download: http://www.spiegel.de/sport/fussball/fussball-transferrecht-bundesliga-entsetzt-ueber-webster-urteil-a-532523.html

Quitzau, Jörn: Das Spiel als Premiumprodukt. Die Ökonomie der Bundesliga. 18. Juni 2014. URL: www.bpb.de/gesellschaft/sport/bundesliga/160773/oekonomie-der-bundesliga?p=all

Transfermarkt-Datenbank: Bundesliga. Gastarbeiter. URL: http://www.transfermarkt.at/bundesliga/gastarbeiter/wettbewerb/A1

Transfermarkt-Datenbank: Jean-Marc Bosman. Transferhistorie. URL: http://www.transfermarkt.at/jean-marc-bosman/profil/spieler/244754

Transfermarkt-Datenbank: Österreicher-Topf zeigt Wirkung. 15.Dezember 2009. URL: http://www.transfermarkt.at/oesterreicher-topf-zeigt-wirkung/view/news/33823

Transfermarkt-Datenbank. Red Bull Salzburg. URL: http://www.transfermarkt.at/red-bull-salzburg/startseite/verein/409

Transfermarkt-Datenbank: Transfersalden (Einnahmen und Ausgaben) URL:
http://www.transfermarkt.de/transfers/transfersalden/statistik?sa=&saison_id=2009
&saison_id_bis=2014&land_id=&nat=&pos=&w_s=

Abkürzungsverzeichnis

AEUV	Vertrag über die Arbeitsweise der europäischen Union
BEF	Belgische Franken (Belgiens Währung von 1832 bis 2002)
DFB	Deutscher Fußball-Bund
EAG	Europäische Atomgemeinschaft
EFTA	Europäische Freihandelsassoziation
EGKS	Europäische Gemeinschaft für Kohle und Stahl
EGV	**Vertrag zur Gründung der Europäischen Gemeinschaft**
EuG	Europäisches Gericht
EuGH	Europäischer Gerichtshof
EUGöD	Gericht für den öffentlichen Dienst der europäischen Union
EUV	**Vertrag über die Europäische Union**
EWG	Europäische Wirtschaftsgemeinschaft
EWR	Europäischer Wirtschaftsraum
FFF	Fédération Française de Football (französischer Fußballbund)
FIFA	Fédération Internationale de Football Association (Weltfußballverband)
ÖFB	Österreichischer Fußball-Bund
RFCL	Royal Football Club de Liège (RFC Lüttich)
UEFA	Union of European Football Associations (Europäische Fußball-Union)
URBSFA	Union Royale Belge des Sociétés de Football-Association (Königlich Belgischer Fußballverband)